Livre de bord de l'entretien et des réparations de la maison

Ce livre appartient à :

Nom : ....

Adresse : ....

....

Contacts *important*

NOM PROFESSIONNE	TÉLÉPHONE	NOM DE L'ENTREPRISE
Électricien		
Plombier		
CVC		
Couvreur		
Homme à tout faire		
L'entretien des pelouses		
Système d'arrosage		
Piscine		
Paysages durs		
Fenêtres/ Revêtement		
L'assurance habitation		
Système pour les particuliers		
Police		
Incendie		
Enlèvement des ordures		
Recyclage		
Téléphone/Câble/Satellite		
Association des propriétaires		
Village/ commune		
Circonscription électorale		

Notes :

Contacts *important*

NOM PROFESSIONNE	TÉLÉPHONE	NOM DE L'ENTREPRISE
Électricien		
Plombier		
CVC		
Couvreur		
Homme à tout faire		
L'entretien des pelouses		
Système d'arrosage		
Piscine		
Paysages durs		
Fenêtres/ Revêtement		
L'assurance habitation		
Système pour les particuliers		
Police		
Incendie		
Enlèvement des ordures		
Recyclage		
Téléphone/Câble/Satellite		
Association des propriétaires		
Village/ commune		
Circonscription électorale		

Notes :

Contacts *important*

NOM PROFESSIONNE	TÉLÉPHONE	NOM DE L'ENTREPRISE
Électricien		
Plombier		
CVC		
Couvreur		
Homme à tout faire		
L'entretien des pelouses		
Système d'arrosage		
Piscine		
Paysages durs		
Fenêtres/ Revêtement		
L'assurance habitation		
Système pour les particuliers		
Police		
Incendie		
Enlèvement des ordures		
Recyclage		
Téléphone/Câble/Satellite		
Association des propriétaires		
Village/ commune		
Circonscription électorale		

Notes :

Contacts *important*

NOM PROFESSIONNE	TÉLÉPHONE	NOM DE L'ENTREPRISE
Électricien		
Plombier		
CVC		
Couvreur		
Homme à tout faire		
L'entretien des pelouses		
Système d'arrosage		
Piscine		
Paysages durs		
Fenêtres/ Revêtement		
L'assurance habitation		
Système pour les particuliers		
Police		
Incendie		
Enlèvement des ordures		
Recyclage		
Téléphone/Câble/Satellite		
Association des propriétaires		
Village/ commune		
Circonscription électorale		

Notes :

Calendrier *d'entretien de la maison*

JANVIER

- [ ]
- [ ]
- [ ]
- [ ]
- [ ]
- [ ]

FÉVRIER

- [ ]
- [ ]
- [ ]
- [ ]
- [ ]
- [ ]

MARS

- [ ]
- [ ]
- [ ]
- [ ]
- [ ]
- [ ]

AVRIL

- [ ]
- [ ]
- [ ]
- [ ]
- [ ]
- [ ]

MAI

- [ ]
- [ ]
- [ ]
- [ ]
- [ ]
- [ ]

JUIN

- [ ]
- [ ]
- [ ]
- [ ]
- [ ]
- [ ]

JULIE

- [ ]
- [ ]
- [ ]
- [ ]
- [ ]
- [ ]

AOÛT

- [ ]
- [ ]
- [ ]
- [ ]
- [ ]
- [ ]

SEPTEMBRE

- [ ]
- [ ]
- [ ]
- [ ]
- [ ]
- [ ]

OCTOBRE

- [ ]
- [ ]
- [ ]
- [ ]
- [ ]
- [ ]

NOVEMBRE

- [ ]
- [ ]
- [ ]
- [ ]
- [ ]
- [ ]

DÉCEMBRE

- [ ]
- [ ]
- [ ]
- [ ]
- [ ]
- [ ]

Où *est-ce que c'est?*

Chauffe-eau	**Boîte électrique**
Unités CVC	**Compteur d'eau et arrêt minimum**
Compteur de gaz et arrêt principal	**Commandes d'arrosage**
Détecteur de fumée	**Extincteurs**

Où *est-ce que c'est?*

Chauffe-eau	Boîte électrique

Unités CVC	Compteur d'eau et arrêt minimum

Compteur de gaz et arrêt principal	Commandes d'arrosage

Détecteur de fumée	Extincteurs

Où *est-ce que c'est?*

Chauffe-eau

Boîte électrique

Unités CVC

Compteur d'eau et arrêt minimum

Compteur de gaz et arrêt principal

Commandes d'arrosage

Détecteur de fumée

Extincteurs

Où *est-ce que c'est?*

Chauffe-eau	Boîte électrique

Unités CVC	Compteur d'eau et arrêt minimum

Compteur de gaz et arrêt principal	Commandes d'arrosage

Détecteur de fumée	Extincteurs

Où *est-ce que c'est?*

Chauffe-eau	Boîte électrique

Unités CVC	Compteur d'eau et arrêt minimum

Compteur de gaz et arrêt principal	Commandes d'arrosage

Détecteur de fumée	Extincteurs

Où *est-ce que c'est?*

Chauffe-eau

Boîte électrique

Unités CVC

Compteur d'eau et arrêt minimum

Compteur de gaz et arrêt principal

Commandes d'arrosage

Détecteur de fumée

Extincteurs

Où *est-ce que c'est?*

Chauffe-eau	Boîte électrique

Unités CVC	Compteur d'eau et arrêt minimum

Compteur de gaz et arrêt principal	Commandes d'arrosage

Détecteur de fumée	Extincteurs

Où *est-ce que c'est?*

Chauffe-eau	Boîte électrique

Unités CVC	Compteur d'eau et arrêt minimum

Compteur de gaz et arrêt principal	Commandes d'arrosage

Détecteur de fumée	Extincteurs

Où *est-ce que c'est?*

Chauffe-eau

Boîte électrique

Unités CVC

Compteur d'eau et arrêt minimum

Compteur de gaz et arrêt principal

Commandes d'arrosage

Détecteur de fumée

Extincteurs

Où *est-ce que c'est?*

Chauffe-eau

Boîte électrique

Unités CVC

Compteur d'eau et arrêt minimum

Compteur de gaz et arrêt principal

Commandes d'arrosage

Détecteur de fumée

Extincteurs

Où *est-ce que c'est?*

Chauffe-eau

Boîte électrique

Unités CVC

Compteur d'eau et arrêt minimum

Compteur de gaz et arrêt principal

Commandes d'arrosage

Détecteur de fumée

Extincteurs

Où *est-ce que c'est?*

Chauffe-eau

Boîte électrique

Unités CVC

Compteur d'eau et arrêt minimum

Compteur de gaz et arrêt principal

Commandes d'arrosage

Détecteur de fumée

Extincteurs

Registre *des services d'entretien*

Date	System / Appliance	Problème

Registre *des services d'entretien*

Date	System / Appliance	Problème

Registre *des services d'entretien*

Date	System / Appliance	Problème

Registre *des services d'entretien*

Date	System / Appliance	Problème

Registre *des services d'entretien*

Date	System / Appliance	Problème

Registre *des services d'entretien*

Date	System / Appliance	Problème

Registre *des services d'entretien*

Date	System / Appliance	Problème

Registre *des services d'entretien*

Date	System / Appliance	Problème

Registre *des services d'entretien*

Date	System / Appliance	Problème

Registre *des services d'entretien*

Date	System / Appliance	Problème

Registre *des services d'entretien*

Date	System / Appliance	Problème

Registre *des services d'entretien*

Date	System / Appliance	Problème

Registre *des services d'entretien*

Date	System / Appliance	Problème

Registre *des services d'entretien*

Date	System / Appliance	Problème

Registre *des services d'entretien*

Date	System / Appliance	Problème

Registre *des services d'entretien*

Date	System / Appliance	Problème

Registre *des services d'entretien*

Date	System / Appliance	Problème

Registre *des services d'entretien*

Date	System / Appliance	Problème

Registre *des services d'entretien*

Date	System / Appliance	Problème

Registre *des services d'entretien*

Date	System / Appliance	Problème

Registre *des services d'entretien*

Date	System / Appliance	Problème

Registre *des services d'entretien*

Date	System / Appliance	Problème

Registre *des services d'entretien*

Date	System / Appliance	Problème

Registre *des services d'entretien*

Date	System / Appliance	Problème

Téléphone du contrat	Comment a-t-il été résolu	Note de satisfaction

Téléphone du contrat	Comment a-t-il été résolu	Note de satisfaction

Téléphone du contrat	Comment a-t-il été résolu	Note de satisfaction

Téléphone du contrat	Comment a-t-il été résolu	Note de satisfaction

Téléphone du contrat	Comment a-t-il été résolu	Note de satisfaction

Téléphone du contrat	Comment a-t-il été résolu	Note de satisfaction

Téléphone du contrat	Comment a-t-il été résolu	Note de satisfaction

Téléphone du contrat	Comment a-t-il été résolu	Note de satisfaction
Téléphone du contrat	Comment a-t-il été résolu	Note de satisfaction

Téléphone du contrat	Comment a-t-il été résolu	Note de satisfaction

Téléphone du contrat	Comment a-t-il été résolu	Note de satisfaction

Téléphone du contrat	Comment a-t-il été résolu	Note de satisfaction

Téléphone du contrat	Comment a-t-il été résolu	Note de satisfaction

Téléphone du contrat	Comment a-t-il été résolu	Note de satisfaction

Téléphone du contrat	Comment a-t-il été résolu	Note de satisfaction

Téléphone du contrat	Comment a-t-il été résolu	Note de satisfaction

Téléphone du contrat	Comment a-t-il été résolu	Note de satisfaction

Téléphone du contrat	Comment a-t-il été résolu	Note de satisfaction

Téléphone du contrat	Comment a-t-il été résolu	Note de satisfaction

Téléphone du contrat	Comment a-t-il été résolu	Note de satisfaction

Téléphone du contrat	Comment a-t-il été résolu	Note de satisfaction

Téléphone du contrat	Comment a-t-il été résolu	Note de satisfaction

Téléphone du contrat	Comment a-t-il été résolu	Note de satisfaction

Téléphone du contrat	Comment a-t-il été résolu	Note de satisfaction

Téléphone du contrat	Comment a-t-il été résolu	Note de satisfaction

Téléphone du contrat	Comment a-t-il été résolu	Note de satisfaction

Téléphone du contrat	Comment a-t-il été résolu	Note de satisfaction
Téléphone du contrat	Comment a-t-il été résolu	Note de satisfaction

Téléphone du contrat	Comment a-t-il été résolu	Note de satisfaction
Téléphone du contrat	Comment a-t-il été résolu	Note de satisfaction

Téléphone du contrat	Comment a-t-il été résolu	Note de satisfaction

Téléphone du contrat	Comment a-t-il été résolu	Note de satisfaction
Téléphone du contrat	Comment a-t-il été résolu	Note de satisfaction

Téléphone du contrat	Comment a-t-il été résolu	Note de satisfaction

Téléphone du contrat	Comment a-t-il été résolu	Note de satisfaction

Téléphone du contrat	Comment a-t-il été résolu	Note de satisfaction

Téléphone du contrat	Comment a-t-il été résolu	Note de satisfaction

Téléphone du contrat	Comment a-t-il été résolu	Note de satisfaction

Téléphone du contrat	Comment a-t-il été résolu	Note de satisfaction
Téléphone du contrat	Comment a-t-il été résolu	Note de satisfaction

Téléphone du contrat	Comment a-t-il été résolu	Note de satisfaction
Téléphone du contrat	Comment a-t-il été résolu	Note de satisfaction

Téléphone du contrat	Comment a-t-il été résolu	Note de satisfaction
Téléphone du contrat	Comment a-t-il été résolu	Note de satisfaction

Téléphone du contrat	Comment a-t-il été résolu	Note de satisfaction

Téléphone du contrat	Comment a-t-il été résolu	Note de satisfaction

Téléphone du contrat	Comment a-t-il été résolu	Note de satisfaction

Téléphone du contrat	Comment a-t-il été résolu	Note de satisfaction

Téléphone du contrat	Comment a-t-il été résolu	Note de satisfaction

Planificateur *de projet*

Nom du projet

Description du projet

| **Date d'achèvement** | | **Budget total** | |

iste de matériel	Coût dépensé	Coût réel	Services	Coût dépensé	Coût réel
Coût total			**Coût total**		

Notes de projet :

Planificateur *de projet*

Nom du projet

Description du projet

Date d'achèvement

Budget total

Liste de matériel	Coût dépensé	Coût réel
Coût total		

Services	Coût dépensé	Coût réel
Coût total		

Notes de projet :

Planificateur *de projet*

Nom du projet

Description du projet

Date d'achèvement		Budget total	

...ste de matériel	Coût dépensé	Coût réel	Services	Coût dépensé	Coût réel
Coût total			**Coût total**		

Notes de projet :

Planificateur *de projet*

Nom du projet

Description du projet

Date d'achèvement

Budget total

Liste de matériel	Coût dépensé	Coût réel
Coût total		

Services	Coût dépensé	Coût réel
Coût total		

Notes de projet :

Planificateur *de projet*

Nom du projet

Description du projet

Date d'achèvement

Budget total

Liste de matériel	Coût dépensé	Coût réel
Coût total		

Services	Coût dépensé	Coût réel
Coût total		

Notes de projet :

Planificateur *de projet*

Nom du projet

Description du projet

Date d'achèvement

Budget total

Liste de matériel	Coût dépensé	Coût réel
Coût total		

Services	Coût dépensé	Coût réel
Coût total		

Notes de projet :

Planificateur *de projet*

Nom du projet

Description du projet

Date d'achèvement

Budget total

...ste de matériel	Coût dépensé	Coût réel
Coût total		

Services	Coût dépensé	Coût réel
Coût total		

Notes de projet :

Planificateur *de projet*

Nom du projet

Description du projet

Date d'achèvement

Budget total

Liste de matériel	Coût dépensé	Coût réel
Coût total		

Services	Coût dépensé	Coût rée
Coût total		

Notes de projet :

Planificateur *de projet*

Nom du projet

Description du projet

| **Date d'achèvement** | | **Budget total** | |

iste de matériel	Coût dépensé	Coût réel	Services	Coût dépensé	Coût réel
Coût total			**Coût total**		

Notes de projet :

Planificateur *de projet*

Nom du projet

Description du projet

Date d'achèvement

Budget total

Liste de matériel	Coût dépensé	Coût réel
Coût total		

Services	Coût dépensé	Coût réel
Coût total		

Notes de projet :

Planificateur *de projet*

Nom du projet

Description du projet

Date d'achèvement

Budget total

...ste de matériel	Coût dépensé	Coût réel
Coût total		

Services	Coût dépensé	Coût réel
Coût total		

Notes de projet :

Planificateur *de projet*

Nom du projet

Description du projet

Date d'achèvement

Budget total

Liste de matériel	Coût dépensé	Coût réel
Coût total		

Services	Coût dépensé	Coût rée
Coût total		

Notes de projet :

Planificateur *de projet*

Nom du projet

Description du projet

Date d'achèvement   **Budget total**

iste de matériel	Coût dépensé	Coût réel
Coût total		

Services	Coût dépensé	Coût réel
Coût total		

Notes de projet :

Planificateur *de projet*

Nom du projet

Description du projet

Date d'achèvement

Budget total

Liste de matériel	Coût dépensé	Coût réel
Coût total		

Services	Coût dépensé	Coût réel
Coût total		

Notes de projet :

Planificateur *de projet*

Nom du projet

Description du projet

Date d'achèvement   **Budget total**

...ste de matériel	Coût dépensé	Coût réel
Coût total		

Services	Coût dépensé	Coût réel
Coût total		

Notes de projet :

Planificateur *de projet*

Nom du projet

Description du projet

Date d'achèvement

Budget total

Liste de matériel	Coût dépensé	Coût réel
Coût total		

Services	Coût dépensé	Coût réel
Coût total		

Notes de projet :

Planificateur *de projet*

Nom du projet

Description du projet

Date d'achèvement

Budget total

iste de matériel	Coût dépensé	Coût réel		Services	Coût dépensé	Coût réel
Coût total				**Coût total**		

Notes de projet :

Planificateur *de projet*

Nom du projet

Description du projet

Date d'achèvement

Budget total

Liste de matériel	Coût dépensé	Coût réel
Coût total		

Services	Coût dépensé	Coût réel
Coût total		

Notes de projet :

Planificateur *de projet*

Nom du projet

Description du projet

Date d'achèvement

Budget total

...ste de matériel	Coût dépensé	Coût réel
Coût total		

Services	Coût dépensé	Coût réel
Coût total		

Notes de projet :

Planificateur *de projet*

Nom du projet

Description du projet

Date d'achèvement

Budget total

Liste de matériel	Coût dépensé	Coût réel
Coût total		

Services	Coût dépensé	Coût rée
Coût total		

Notes de projet :

Planificateur *de projet*

Nom du projet

Description du projet

Date d'achèvement		Budget total	

iste de matériel	Coût dépensé	Coût réel	Services	Coût dépensé	Coût réel
Coût total			**Coût total**		

Notes de projet :

Planificateur *de projet*

Nom du projet

Description du projet

Date d'achèvement   **Budget total**

Liste de matériel	Coût dépensé	Coût réel
Coût total		

Services	Coût dépensé	Coût réel
Coût total		

Notes de projet :

Planificateur *de projet*

Nom du projet

Description du projet

Date d'achèvement		**Budget total**	

...ste de matériel	Coût dépensé	Coût réel		Services	Coût dépensé	Coût réel
Coût total				**Coût total**		

Notes de projet :

Planificateur *de projet*

Nom du projet

Description du projet

| **Date d'achèvement** | | **Budget total** | |

Liste de matériel	Coût dépensé	Coût réel	Services	Coût dépensé	Coût rée
Coût total			**Coût total**		

Notes de projet :

Planificateur *de projet*

Nom du projet

Description du projet

Date d'achèvement

Budget total

iste de matériel	Coût dépensé	Coût réel
Coût total		

Services	Coût dépensé	Coût réel
Coût total		

Notes de projet :

Planificateur *de projet*

Nom du projet

Description du projet

Date d'achèvement

Budget total

Liste de matériel	Coût dépensé	Coût réel
Coût total		

Services	Coût dépensé	Coût réel
Coût total		

Notes de projet :

Planificateur *de projet*

Nom du projet

Description du projet

Date d'achèvement

Budget total

...ste de matériel	Coût dépensé	Coût réel
Coût total		

Services	Coût dépensé	Coût réel
Coût total		

Notes de projet :

Planificateur *de projet*

Nom du projet

Description du projet

Date d'achèvement

Budget total

Liste de matériel	Coût dépensé	Coût réel
Coût total		

Services	Coût dépensé	Coût rée
Coût total		

Notes de projet :

Planificateur *de projet*

Nom du projet

Description du projet

| **Date d'achèvement** | | **Budget total** | |

iste de matériel	Coût dépensé	Coût réel	Services	Coût dépensé	Coût réel
Coût total			**Coût total**		

Notes de projet :

Planificateur *de projet*

Nom du projet

Description du projet

Date d'achèvement

Budget total

Liste de matériel	Coût dépensé	Coût réel
Coût total		

Services	Coût dépensé	Coût réel
Coût total		

Notes de projet :

Planificateur *de projet*

Nom du projet

Description du projet

Date d'achèvement

Budget total

...ste de matériel	Coût dépensé	Coût réel
Coût total		

Services	Coût dépensé	Coût réel
Coût total		

Notes de projet :

Planificateur *de projet*

Nom du projet

Description du projet

Date d'achèvement

Budget total

Liste de matériel	Coût dépensé	Coût réel
Coût total		

Services	Coût dépensé	Coût réel
Coût total		

Notes de projet :

Planificateur *de projet*

Nom du projet

Description du projet

Date d'achèvement

Budget total

Liste de matériel	Coût dépensé	Coût réel
Coût total		

Services	Coût dépensé	Coût réel
Coût total		

Notes de projet :

Planificateur *de projet*

Nom du projet

Description du projet

Date d'achèvement

Budget total

Liste de matériel	Coût dépensé	Coût réel		Services	Coût dépensé	Coût réel
Coût total				**Coût total**		

Notes de projet :

Planificateur *de projet*

Nom du projet

Description du projet

Date d'achèvement

Budget total

...ste de matériel	Coût dépensé	Coût réel	Services	Coût dépensé	Coût réel
Coût total			**Coût total**		

Notes de projet :

Planificateur *de projet*

Nom du projet

Description du projet

Date d'achèvement

Budget total

Liste de matériel	Coût dépensé	Coût réel
Coût total		

Services	Coût dépensé	Coût rée
Coût total		

Notes de projet :

Planificateur *de projet*

Nom du projet

Description du projet

Date d'achèvement

Budget total

iste de matériel	Coût dépensé	Coût réel
Coût total		

Services	Coût dépensé	Coût réel
Coût total		

Notes de projet :

Planificateur *de projet*

Nom du projet

Description du projet

Date d'achèvement

Budget total

Liste de matériel	Coût dépensé	Coût réel
Coût total		

Services	Coût dépensé	Coût réel
Coût total		

Notes de projet :

Planificateur *de projet*

Nom du projet

Description du projet

Date d'achèvement

Budget total

...ste de matériel	Coût dépensé	Coût réel
Coût total		

Services	Coût dépensé	Coût réel
Coût total		

Notes de projet :

Planificateur *de projet*

Nom du projet

Description du projet

Date d'achèvement

Budget total

Liste de matériel	Coût dépensé	Coût réel
Coût total		

Services	Coût dépensé	Coût réel
Coût total		

Notes de projet :

Planificateur *de projet*

Nom du projet

Description du projet

Date d'achèvement

Budget total

iste de matériel	Coût dépensé	Coût réel
Coût total		

Services	Coût dépensé	Coût réel
Coût total		

Notes de projet :

Planificateur *de projet*

Nom du projet

Description du projet

Date d'achèvement

Budget total

Liste de matériel	Coût dépensé	Coût réel
Coût total		

Services	Coût dépensé	Coût réel
Coût total		

Notes de projet :

www.ingramcontent.com/pod-product-compliance
Lightning Source LLC
LaVergne TN
LVHW080608200726
843509LV00007B/274